LAROUSSE

Tu peux pas comprendre, t'es pas un chat !

Spécial Chatons

Sa mission ? Vous faire savoir qu'il est là, et bien là !

Il était une fois, dans une galaxie pas si lointaine appelée la Terre, l'apparition d'une espèce redoutable. Au terme de plusieurs millénaires, ses représentants finirent par trouver leur place au sein des foyers humains, mais pas que...
Internet, leur seconde maison, permit à cette intelligence supérieure de s'introduire partout dans nos vies. Bien décidée à semer le trouble dans nos esprits, elle convainquit le peuple humain de jouer le jeu en immortalisant ses meilleures prouesses.
Il était une fois des chats, qu'on ne peut pas comprendre, mais qui, avant de devenir ce qu'ils sont devenus, ont tous passé un cap : la vie de chaton !

Aurélie Lemoine et Alice Zabée

Ah ? Y'avait de la salade dedans ? J'l'ai pas vue !

J'fais la même taille qu'une patate. Une grosse patate !

T'es sûr que ça se joue pas avec des moutons, saute-mouton ?

Position d'attaque :
OK !

Allez, bisous m'man,

à ce soir, et sois sage ! Ah ah !

J'suis assez grand maintenant,
tu peux me le dire.

J'ai été adopté ?

Excuse-moi, je fais grève tant que c'est l'hiver !

C'est bon ? La bête qui aspire tout est partie ?

Mais pourquoi t'en as pris deux ?

J'vais avoir un copain ?

Pas besoin d'histoire ce soir,

j'suis trop chapuisé !

Punaise, c'est super lent comme moyen de transport !
Ouais,
j'comprends pas les humains !

Faut que j'boive un coup.

C'est la vie, toute cette pression !

YMC... Chat !

C'est l'histoiiire de la viiie

le cycle éternel, on sait.
Tu me reposes maintenant ?

Si ze suis pas chauve après ça,
ze considérerais que z'ai beaucoup de chance. Gloups !

Là non plus
j'ai pas le droit
de faire mes griffes ?

J'suis prêt pour mon super méga câlin ! Dans mes pattes !

Je résume : d'abord explosion, puis mon courage, et enfin toi, sauvée du méchant essuie-tout !

Là, j'pense qu'on est prêts
pour le parcours du combattant !

Alors ?
Bin rien,
j'crois qu'il a peur de nous.
Depuis qu'on est près de lui,
il n'aspire plus rien du tout !
Cyclonic

Ouh les bonnes joues !

J'résiste pas !

Dieser Hund ist super bequem !
Das Hund qualität ! *
*Ce chien est super confortable ! Un chien de qualité !

À moi l’Everest !!

À moi ! J’ai loupé une marche !

J'suis le meilleur de ma classe
en option cochon pendu !

Sans rire,
le mulot était à peu près
grand comme ça !

Et là, il est droit ? C'est bon ?

Non non non !

On fait pas la sieste, c'est pour les vieux ça !

Allez, on joue !

3 p'tits chats, 3 p'tits chats,
3 p'tits chats chats chats.
ats alors, chats alors, chats alors lors lors !

Hey, y'a quelqu'un ? **J'suis trop p'tit** pour atteindre la poignée !

Pfiou, le verre est **trop grand pour moi !**

Garanti 0 bêtise !
Tu peux partir au travail tranquille !

Tenue d'astronaute Ok.
Direction la Lune !

Oulah, je crois que j'ai forcé sur l'herbe à chat !

Mais j'te jure, je la drague pas
la chatonne du voisin !

Avoue maintenant !

Chantal, tu m'as trompé ?

J'ai pas touché au linge, t'as aucune preuve !

Il a explosé tout seul ! Juré, craché !

Quelqu'un peut m'aider là ?

J'ai plus pattes !

J'sens que j'vais être témoin d'un accident dans 3, 2, 1...

Obligé de tenir l'escabeau à papa.

C'est tellement **un travailleur du dimanche !**

Chérie,

j'ai rétréci le château !

Avec toi ! Pour le meilleur,
et pour le pire !

Cha rustique
comme couverture !

Hey vous venez jouer avec moi ?

C'est journée baballe sous les meubles !

Hey ? Hey ? Oh, baisse les yeux,

j'suis en bas !

Quoi ? J'ai été adopté ?

J'avais remarqué que t'avais moins de poils que moi, mais quand même, ça fait un choc !

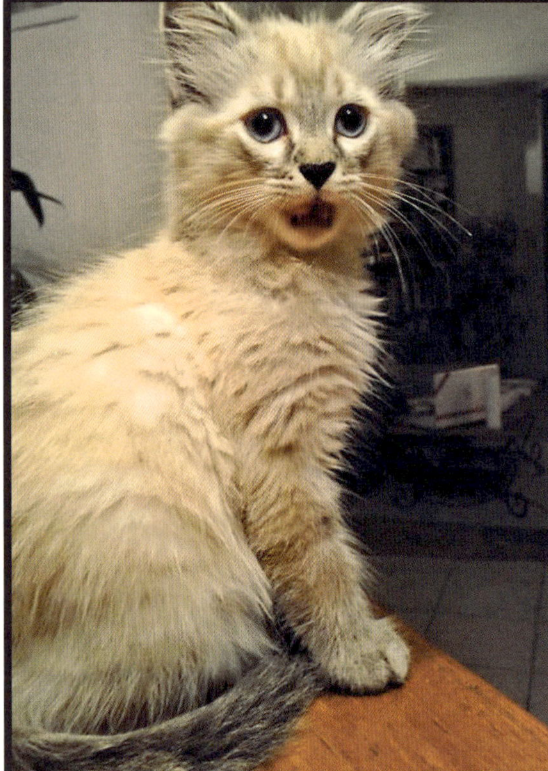

Allez le cochon, balance. **Ils sont où tes deux copains ?**

C'est bon, le mouchard est installé.
J'vais pouvoir constituer un dossier sur l'humain !

Je simule un coma.
Elle m'en voudra moins pour la tapisserie !

Oh hey, c'est bon !
Tu t'prends pour ma mère

ou quoi ?

Le monde que je dirigerai quand je serai grand ?

J'avais pourtant bien stipulé « **tapis rouge** » !

Oulah, t'aurais pu prévenir avant de freiner !

ta taille, t'es forcément un chiot adulte !

Moi c'est Snoop Cat ! Ouech, le p'tit rappeur de la TéCi. Les minettes sont toutes fans.

OH MON DIEU !

L'aspirateur n'est pas une légende féline !

4 h du mat' : J'ai la SUPER patate !
POPOPO !

Ttt ttt ttt...
On avait dit quoi le chien ?
Tu me demandes avant de dire
quoi que ce soit !

Ne regarde pas ça.

C'est interdit aux chiens !

Bin c'est bon,
il est chaccordé ton piano !

Réveil dans 3, 2, 1...

J't'avais dit de rentrer
avant minuit.
Maintenant, t'es une citrouille !

Bon, je crois que c'est officiel,
c'est l'automne...

Ka sa yé misyé bobo...

Nettoyer, chastiquer, balayer,

Et donc, tu dis que tu as fouillé
mon historique ?
T'as tout vu ?

J'ai pris ses jambes **à mon cou !**

Mouahahahah,

j'ai trouvé l'excuse à toutes mes bêtises :

j'suis qu'un chaton,

je savais pas !

Maman est pas contente
depuis que j'lui ai dit
que j'voulais être
une souris plus tard !

La mini zhumaine
vient de me marier
à des poupées.
2 POUPÉES !

Youpi...

Pas mal cette barre de *pôle dance*.

J'vais bouger toute la *night* !

Attention mesdames et messieurs,

levé de rideaux !

Hey petit,
merci d'avoir accepté de prendre la couchette du bas.
J'te le revaudrai !

J'suis chagité du bocal !

Ben tu vois, je savais que j'étais beau, mais là,
je confirme,
je suis
la perfection.

Bin t'as dit que tu voulais aller te promener !

On s'est préparés du coup !

T'as vu, j'ai remis la nappe !

C'est bien comme ça, non ?

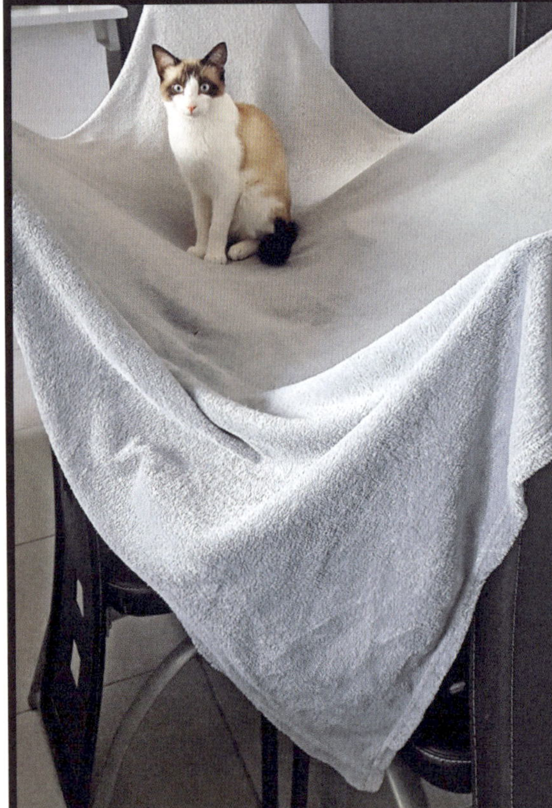

Ze sais !
Ze sais !
Z'arrête pas de lui dire qu'elle est un peu trop maman poule !

À chacun son couffin.

Et remarquez, proportionnel au grade !

Hey les moutons,
vous êtes sûrs que c'est le bon chemin par là ?

Tu voulais que j'passe à table concernant cette sombre histoire de tapisserie.
Me voilà !

Humains, humaines, ours en peluche, **faites allégeance à votre nouveau roi !**

On s'est arrangés.
J'lui ai dit qu'il pouvait
devenir un chat
s'il accepte d'être
mon chien à moi !

Ah non hein ! **On affiche complet !** Tu vas dans tes WC à toi l'humaine !

J'ai appuyé sur « envoyer » !

Ils pourraient enlever le service militaire pour les chatons.

C'est relou !

Désolé, le bar est fermé !

Il est flou chafflelou !
Il est flou !

J'suis au fond du trou...

J'te pose trop de questions ?
T'en as marre ?
Pourquoi tu m'réponds pas ?

Pourquoi tu dis que j'suis pas dans mon assiette aujourd'hui ?

La vie commence mal,
je dois déjà me contenter des restes !

Tut tut ! Bon tu bouges là, y'en a qui sont pressés d'aller à la sieste !

Bon, tapis !

J'suis sûr que tu bluffes l'humain !

Arrête de bouger !
Arrête j'ai dit !
Pouah,
t'es super indiscipliné
pour un jouet !

J'suis en plein trip !

Laissez-moi !

Les gars, c'est la misère,

y'a plus de punch !

Roh, y'a encore un chat sur le toit !

C'est comme les coquillages, là j'entends le cui-cui !

On joue à chat perché,
mais on n'arrive pas à définir qui a gagné !

Je suis presque au sommet du mont Jean !

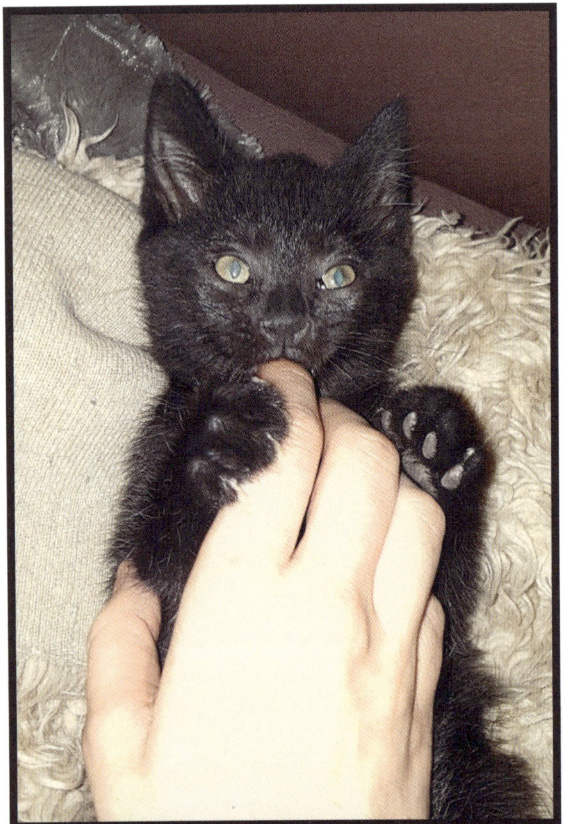

MIAM, de la chair humaine !
J'aurai jamais dû goûter ça !

C'est bon ? T'as fait pipi et tout ?
J'peux m'installer pour 2 ou 3 heures ?

Yahouu !

J'ai passé une nuit super trop d'enfer !

Ici, c'est la salle de jeux pour chatons.

Ouste ! La sortie est par là !

Humain ? Tu viens m'pousser ?

J'ai la flemme de marcher là !

Alors là, c'est clair, si c'est comme ça la vie, je signe de suite !

- C'est pas d'la tarte la vie de chaton !

- Tu l'as dit, épuisant !

Ben alors, on va pas se promener ?

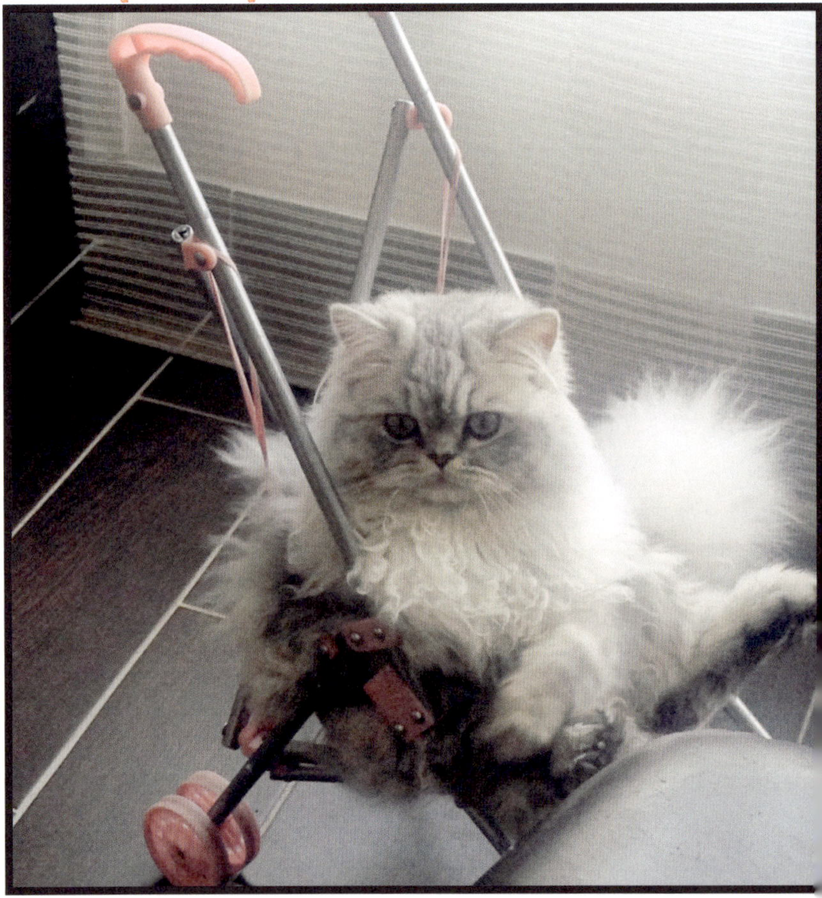

Et voilà, **j'suis propre comme un sou neuf !**

- C'est moi le chef !
- Non c'est moi !
- Non, moi !
- **Moi !**

J'comprends que tu veuilles pas
te soumettre l'humain,
mais je ne te laisse pas le choix en fait !

Très bien,
je n'vais pas mettre de gant
pour te dire que
je te trouve radin
en croquettes !

SELFIIIIE souvenir !

Euh,
c'est bon la pose
là ou on la refait ?

On a des requêtes pour toi.

Histoire de rendre notre cohabitation plus agréable !

J'mange ma patte

et j'garde les trois autres pour demain !

Ch'est bon, j'suis paré pour l'hiver !

Allez, viens le froid, j'attends !

C'est donc ça le fameux
bout du tunnel !

- Allez, fais comme moi.

Tu tapes d'abord dans ma patte droite
puis la gauche !
- J'comprends rien à ton jeu !

Et la patte devant la bouche *man* !

C'est pas poli sinon !

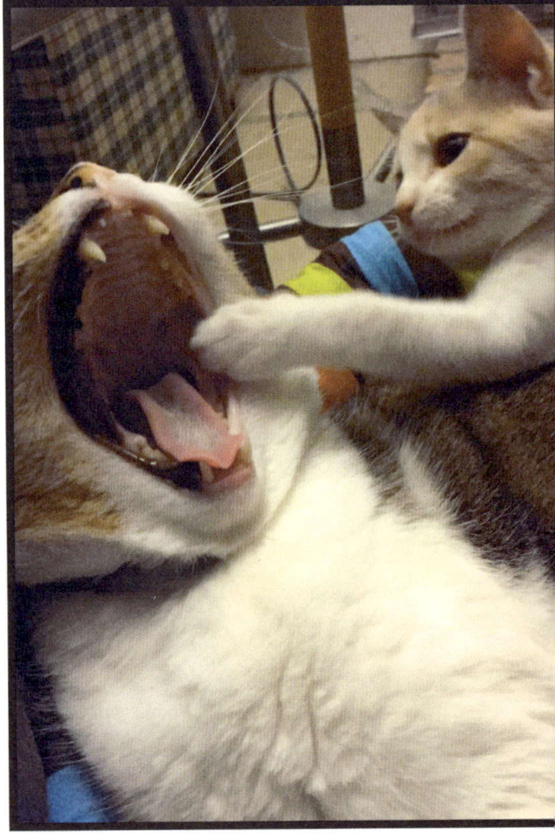

À 3, j'lui mords les fesses !

Faut que j'arrête l'herbe à chat.

J'vois des licornes partout !

Hey les gars, y'a Gargamel qui arrive. Mais j'vous ai rien dit hein ?

Mais non j'plante pas mes griffes

dans ta peau. Dans ton jean, **nuance** !

Allez, encore un petit effort,

j'y suis presque !

Ah ah ah !
c'est ça avoir les moustaches dans le vent !

Faites comme si j'étais pas là. J'dors sur mes deux oreilles !

C'est bon,
j'suis assis.
Tu voulais m'dire quoi
de si important ?

Cha suffit ! Maintenant avoue

que c'est pas moi qui t'ai maltraité !

C'est bon popa,
on capte le match
grâce à
ma parabole !

Et flûte, j'ai oublié ma pinte de lait sur le bord de la piscine !

Preum's pour la douche !

T'inquiète, j'reviens tout propre. J'prends un bain de soleil !

- Hey mec,
tu dors debout !
- Vous êtes bien
réveillés couchés !

T'inquiète, je serai sage.
J'bouge pas de là de la journée !

- Alors ?

- Ben c'est bon, c'est crevé.

- T'as bien caché les rustines ?

- Ouaip !

Attention, convoi exceptionnel !

Comment ça j'suis bientôt plus un chaton ?
Ah mais non, je refuse de grandir !

Regarde-moi ce désordre ! Et tu vas me dire que le chien est bien dressé ?

Tu m'crois maintenant si j'te dis que

Batman était un chat ?

OK, j'avoue tout. **Les bêtises, c'est le chien qui a tout fait !**

Non vas-y, j't'écoute !

Raconte-moi ta journée !

Comment ça jeter le carton ?

Est-ce que je jette ta maison à toi ?

Ouech, y'a un blempro ?

Et flûte ! J'suis repéré !

Je vous vois !

Chut,

j'essaie d'être discret.
Paraît que plus c'est gros,
plus ça passe !

Toi et moi,
on va trop faire un carton dans la vie !

Alors zes nouvelles zhauzures ?

Elles marchent vite ?

Le premier en haut gagne
un rab' de croquettes !

Rohlalala, mon nouveau lit est pile poil à la bonne température !

Alleeeez,
z'y suis presque !!

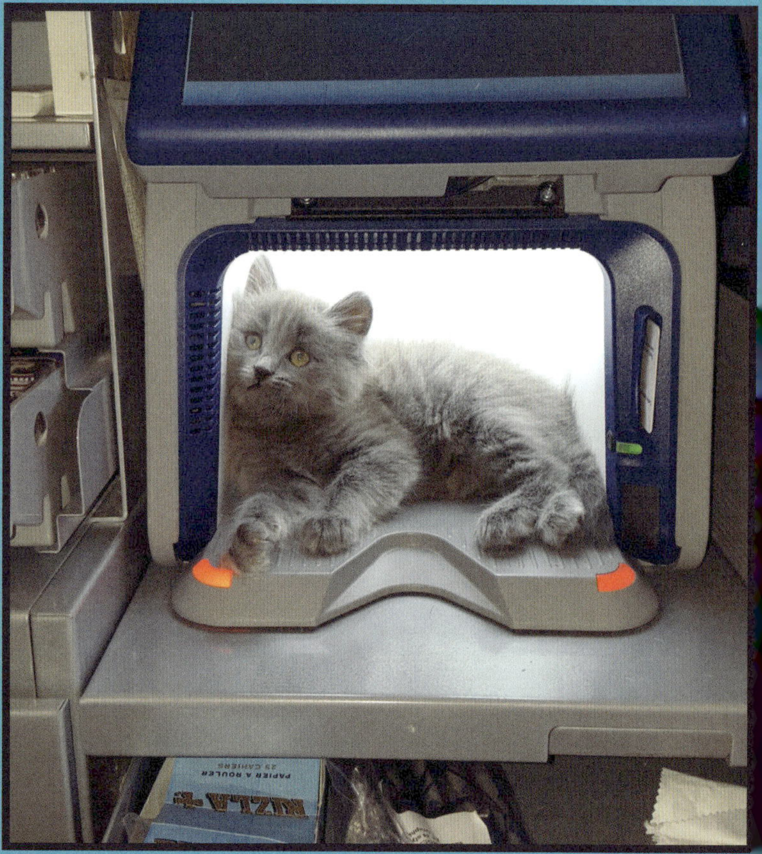

Vous voulez jouer un Loto ?

OK, faites vos jeux ! Par ici les croquettes !

Tu veux le PC ? Moi j'veux bien, mais lui, j'crois que c'est mort ! Désolé !

Pis Là

j'lui ai mis un crochet du droit, et c'est là qu'elle a roulé sous le meuble...

Sérieusement, il est un peu haut ce couffin.
J'fais comment moi ?

T'en fais pas, ta vaisselle sera impeccable.

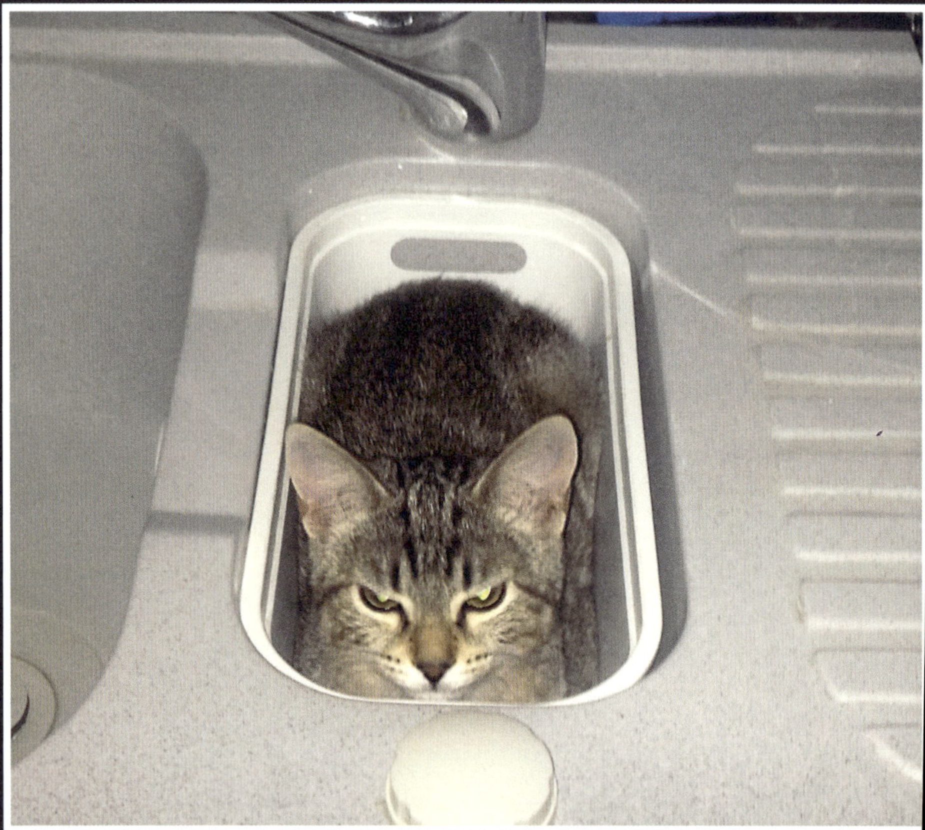

Tu ne vas tout de même pas sortir
dans cette tenue ?

- Alors, tu l'as trouvée ?

- Non !

- Comme quoi, une croquette, c'est comme une aiguille !

J'confirme,
c'est le bas de caisse qui a un souci !

Ouhhh ça fait tout drôle

tes guilis sur mes poils !

Elles sont trop bizarres

tes pattes à toi !

Ben viens ! J't'attends ! Viens ! **Viens !**

Coucou l'humaine, devine qui a raté son réveil ?

J'attends la souris, mais elle semble en retard !

- Petit, tu te caches où ?

Chalut ! Moi c'est le chat sandwich !

Ah ah, c'que t'es drôle.

De la soupe... Et plus sérieusement, on mange quoi ce soir ?

Attention !
Un sniiiiper !

Ici le chagent 007 ! Détective de la croquette !

Oh bon sang !
Tu m'as foutu
la chtrouille de ma vie !

Reviens !
Puisque j'te dis que c'est le chien
qui t'a piqué tes croquettes !

M'accordez-vous cette danse ?

Ne tirez pas !

Je m'rends !

ez le chien, bon cœur, **j'te rends ta liberté !**

Parlons peu, parlons bien.

On mange quoi aujourd'hui ?

Mouahahaha, j'en connais un qui a abusé du chassoulet !

Y'a plus de croquettes ?
Décidément, j'ai pas d'pot !

Noooon, le pilou m'aspiiiire ! Je n'ai pas le choix que de dormiiir !

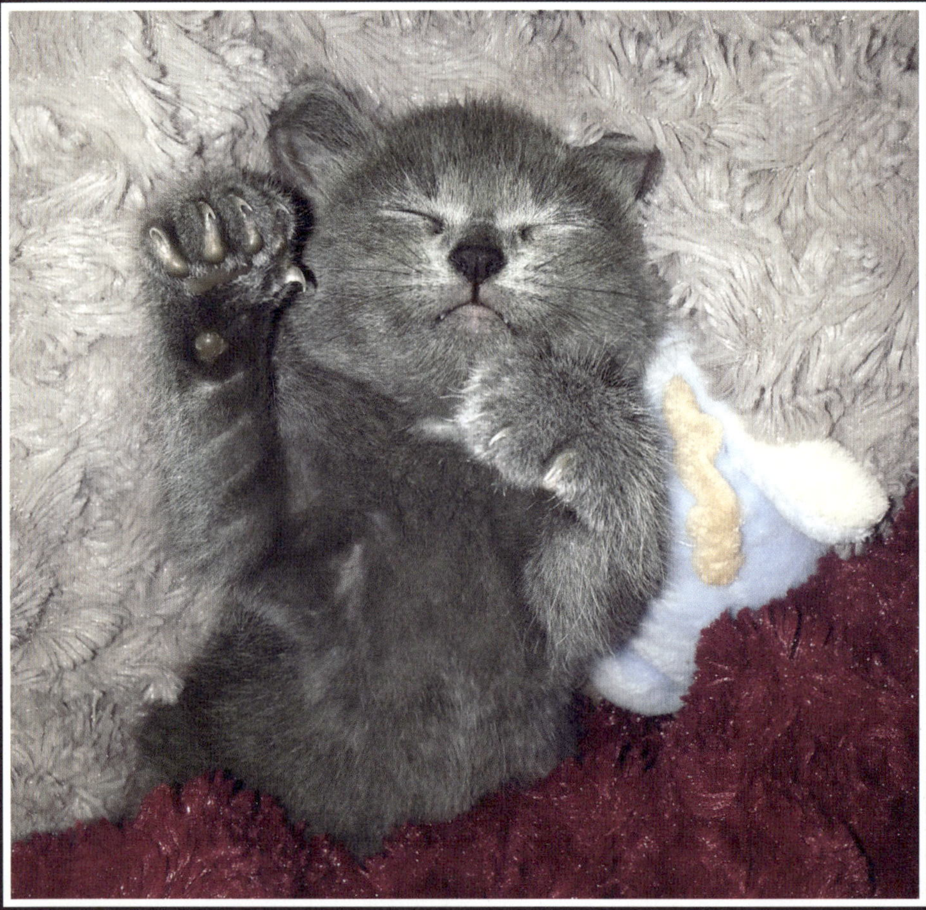

Ouhlalala,
ça a le goût du paradis
chat !

Le rangement laisse à désirer ici.

J'vais prendre les choses en pattes !

Tu m'racontes une tite histoire

pour dormir ?

Allez
éteins la lumière.
Ze veux faire dodo moi !

Aux premières loges
pour attendre le Père Noël !

Ouhla, j'suis pas sûr
que ce soit très stable cette histoire !

Salut
les bonbonnes
de lait, ça gaze ?

Chatanée loi
de la gravité.

Le lait reste en bas !

C'est l'histoire de deux poussins.

J'en pousse un, il reste qui ?

Cheanne et Cherge,
coup de foudre au match de volley-ball !

C'est pas ça le concept de chat perché ?

Hey salut chatonne,
on se donne rendez-vous
devant la maternelle à midi ?

La nuit, tous les chats sont gris ?

Préjugé !

Bondour dout le donde !

Continue…
oh oui !
oh OUI !
CONTINUE…
OH OUII !

Je le jure !

Bon, t'arrêtes de bouger ? C'est difficile de faire la sieste avec tout ce mouvement !

Ni vu ni connu, j't'embrouille.
Aujourd'hui, j'vais au boulot avec elle !

Ma destination ?
Vers l'infini et au-delà !

J'ai décroché ce qui me semblait
le plus ressembler à la Lune, **pour toi !**

Bonjour, c'est pour le recensement !

- On est bien là !
- Tu m'ôtes la tête de la bouche !

Hein ? Quoi ? Le poisson ? **On joue, c'est tout.**
Il fait le poisson, et je fais le clown ! Normal quoi !

Donne-moi ça, j'ai trop besoin d'une vodcha !

Graouuu,
tremblez humains, devant la terreur
que je vous infliiiiige !

J'avais demandé bien cuit,
pas bleu !

16 heures. Ronde 38. La plante est toujours debout !

- Ze sens que tu as beaucoup de conversation toi !
«Coin»
- Ze suis sûr que tu me balanceras jamais aux humains !
«Coin»

Pouah

le relou !

J'adore la soupe de poisson.

Mais ils sont où les poissons ?

Elle est top cette plume,

elle fait cure-dents en plus !

T'inquiète poto, si tu tombes, j'te rattrape !

Tu veux
un coup de patte
pour customiser ta nappe ?

Allez, prends la pose !

C'est pour *Tu peux pas comprendre, t'es pas un humain !*

Peux-tu m'expliquer pourquoi je ne suis pas dedans ?

Bon j'vais voir, et si la voie est libre,
j'te fais un miaou pour me rejoindre !

Heyyy, fais gaffe là !
Tu cours à contresens !

Allez, chalut ! J'menvole vers Chaturne !

N'ayez crainte !
SuperChat est là et il vous sauvera !

J'vois pas ce qu'il y a de difficile dans cette épreuve !

T'inquiète, si le lièvre se pointe,
je le ralentirais !

Comment ça c'est le bordel ?

Non, c'est une déco chargée. Nuance !

– J'suis sûr que c'est le fil rouge qu'il faut couper.

– Hum, perso, j'ai un doute !

Trois p'tits chats, euh… Attends, y'a un problème !

Z'en peux plus que tu m'embêtes,
ze vais dire à mon chien
du corps d'attaquer !

– Ça commence à pencher, non ? – Ouais ! Bouge !

Y'a comme qui dirait un tout p'tit problème là ! SOS !

Allez, lève-toi ! LÈVE-TOI !

- C'est bon,
tu peux y aller !
- J'y suis déjà !

Ici tour de contrôle !

On nous attaque !

Tu connais l'histoire

de Paf le chaton ?

Arrête, arrête !

On nous regarde !

Arrête môman,
j'suis un grand !
Tu vas me mettre la honte
devant tous les copains !

Et attention : RIDEAU !

Remerciements

Merci à Oufti, Lyzbocop, Charly Norris, Dame Pipi, Princesse Peach (qui ne sont pas des chats, malgré les apparences), Biberon, Marlée, Peenut's, Crispy, Goliath (aussi), Noëly, Figaro, Capsule, Praline, Pépin, Litchi, le Directeur (il nous a forcés), les badcats, nos membres. Et aussi à Larousse de continuer à croire en la force du côté félin !

Ce livre est dédié aux arbres à chats détruits, aux rouleaux d'essuie-tout explosés, au papier toilette qui n'avait aucune chance, aux gamelles renversées, aux tapisseries déchirées, aux vomitos (on a marché dessus sans s'excuser), puis surtout aux chiens (premières victimes de ce complot félin), et enfin aux chats, pour leur amour et leur humour !

CRÉDITS PHOTOGRAPHIQUES

© Shutterstock, PawelG Photo : p. 4 ; © Shutterstock, moonraiter : p. 5 ; © Shutterstock, Rita Kochmarjova : p. 6, 23, 39, 52, 56 ; © Shutterstock, Anastasija Popova : p. 7 ; © Shutterstock, Mykola Komarovskyy : p. 8 ; © Shutterstock, Irina Kozorog : p. 9, 83, 85, 135 ; © Shutterstock, GunnerL: p. 14 ; © Shutterstock, Gita Kulinitch Studio : p. 15 ; © Shutterstock, OlVic : p. 16 ; © Shutterstock, Lapina : p. 17 ; © Shutterstock, UrbanImages : p. 22 ; © Thinckstock, Purestock : p. 24 g ; © Thinckstock, ugur tailla : p. 24 d ; © Shutterstock, Sorina Madalina Androne : p. 25 ; © Shutterstock, Yegor Larin : p. 30 g ; © Thinckstock, AlbinaTiplyashina : p. 32 ; © Shutterstock, MaxyM : p. 33 ; © Shutterstock, schubbel : p. 34, 196 ; © Thinckstock, Pitchathorn : p. 35 ; © Shutterstock, Nadinelle : p. 37 ; © Shutterstock, picsbyst : p. 38 ; © Shutterstock, Yuri Tuchkov : p. 42 ; © Shutterstock, Sue McDonald : p. 43 ; © Shutterstock, ja87 : p. 45 ; © Shutterstock, Cherry-Merry : p. 46 ; © Shutterstock, Pakhnyushchy : p. 47 ; © Shutterstock, Reddogs : p. 49 ; © Brendan Cholet, ThreeCircle : p. 50 ; © Shutterstock, John E Heintz Jr : p. 51 ; © Shutterstock, schubbel : p. 53 ; © Shutterstock, dezi : p. 57 ; © Shutterstock, Einar Muoni : p. 58 ; © Shutterstock, IVASHstudio : p. 59 ; © Shutterstock, Vadim Petrakov : p. 60 ; © Shutterstock, Tony Campbell : p. 61 ; © Shutterstock, EMstudio : p. 62 ; © Shutterstock, Anna Lurye : p. 63 ; © Shutterstock, Nevada31 : p. 64 ; © Shutterstock, Albina Tiplyashina : p. 70 ; © Shutterstock, Massimo Cattaneo : p. 71 ; © Shutterstock, Holly Kuchera : p. 81 ; © Shutterstock, Niki623 : p. 84 ; © Shutterstock, Kucher Serhii : p. 86 ; © Shutterstock, Toshe Ognjanov : p. 87 ; © Shutterstock, Zanna Holstova : p. 90 ; © Shutterstock, fantom_rd : p. 92, 93 ; © Shutterstock, Vadym Zaitsev : p. 94 ; © Shutterstock, Roman Pyshchyk : p. 95 ; 140 g ; © Shutterstock, Andrey Khusnutdinov : p.109 ; © Shutterstock, Trybex : p. 111 ; © Sonia Couvert : p. 119, 136 ; © Shutterstock, Orhan Cam : p. 123 ; © Shutterstock, Frank Wasserfuehrer : p. 129 ; © Shutterstock, Ghost10989 : p. 134 ; © Shutterstock, Africa Studio : p. 139 ; © Shutterstock, Konstanttin : p. 141 ; © Shutterstock, Anastasia Martyshina : p. 151 ; © Shutterstock, otsphoto : p. 163, 193 ; © Shutterstock, Ben Queenborough : p. 175 ; © Shutterstock, mmaja : p. 177 ; © Shutterstock, 977_ReX_977 : p. 180 ; © Shutterstock, FreeBirdPhotos : p. 182 ; © Shutterstock, Vinogradov Illya : p. 183 ; © Shutterstock, pasSsy : p. 188 ; © Shutterstock, Mamsizz : p. 189 ; © Shutterstock, Buffy1982 : p. 191 ; © Shutterstock, Kachalkina Veronika : p. 193 ; © Shutterstock, OKcamera : p. 195 ; © Shutterstock, idorenko Irina : p. 197 ; © Shutterstock, pavelmayorov : p. 215 ; © Shutterstock, YuliaPodlesnova : p. 221 ; © Shutterstock, Ysbrand Cosijn : p. 222. 1re de couverture : © Shutterstock, Eugenio Marongiu ; 4e de couverture : © Larousse, © Shutterstock, Rita Kochmarjova, © Shutterstock, Andrey Khusnutdinov.

Direction de la publication : Isabelle Jeuge-Maynart et Ghislaine Stora
Direction éditoriale : Agnès Busière et Émilie Franc
Édition : Marion Dellapina
Création graphique et mise en page : Claire Morel Fatio
Couverture : Véronique Laporte-Bouchereau
Fabrication : Donia Faiz

Les Éditions Larousse utilisent des papiers composés de fibres naturelles, renouvelables, recyclables et fabriquées à partir de bois issus de forêts qui adoptent un système d'aménagement durable. En outre, les Éditions Larousse attendent de leurs fournisseurs de papier qu'ils s'inscrivent dans une démarche de certification environnementale reconnue.

ISBN : 978-2-03-592246-5

Photogravure : IGS-CP, 16 L'Isle d'Espagnac
Imprimé en Espagne par Estella Graficas
318096/01 – 11033071 – juin 2016
Dépôt légal : août 2016